"ながら"やせストレッチ

30秒

たかツキなほり 著

小山圭介 監修

JN104434

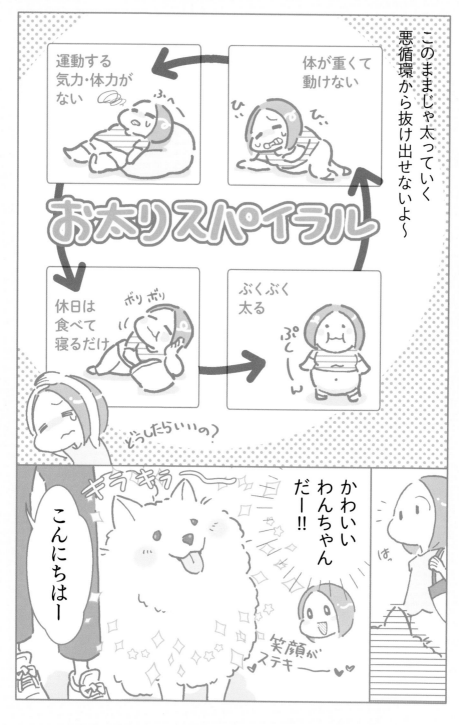

NAGARA〜

生活を送りながらできる
ながらストレッチ
です!!

たかツキさんは
歩いて買い物
に行ったり
家で横になって
くつろいだり
しますよね?

その動作の中で
30秒程度の
ちょこっと
ストレッチを
取り入れるという
ダイエット方法
なんです!

そんなダイエット方法
があるなんて!!

激しい運動や
厳しい食事制限は
しなくていいんですか?

例えば…

丸めたバスタオルを
お腹に敷いてゴロゴロするだけ!

ぽっこりお腹
解消!!

ぐるぐる!!

6

ダイエットとは「健康生活の習慣化」!!

つまり頑張りすぎる必要はないんです!

習慣になればリバウンドもしませんし

楽しくやれば気持ちが上がって代謝UPにつながりますよ!!

本当に生活しながらやせられるんだ……!!

あ あのやっぱり私にも教えてもらえませんか?

もちろん!

ダイエットをエンタメに!!

頑張りすぎずにしっかりやせられる「ながらストレッチ」を一緒に始めましょう!

はーい!!

CONTENTS

【登場人物】

小山圭介

ダイエットトレーナー。日常生活を送りながら継続できるダイエットメニューを教えてくれる。

ひめ

小山先生の愛犬。各種目のワンポイントアドバイスを教えてくれる。

たかツキなほり

ずぼらなアラフォーOL。とにかくやせたいが頑張るダイエットは続かず挫折を経験。

各種目のルール

・全種目30秒程度を目標にがんばりすぎないこと
・回数・秒数の記載はあくまで目標のため無理せず行うこと

本の見方

シチュエーション例

- 種目名
- シチュエーションイラスト
- 動作の順番
- 動かす・伸ばす方向
- 動作イラスト

1章

通勤・業務と大忙し
働き "ながら" やせる！

平日のながら
やせストレッチ

生活し"ながら"やせてみよう！
〈 平日編 〉

たかツキさんはいつもどのような1日を送っていますか？

平日は会社に出勤して仕事をしています……

えーっと

朝起きて

昼働いて

夜はゆったり

あはは

——という感じで日常を送るだけで運動なんて……

この「日常動作」の中に「ストレッチ＆エクササイズ」チャンスはたくさんあるんです!!

大丈夫!!

え!?

平日

朝〜午前中

朝目覚めてすぐできるものや
顔のマッサージなどのやさしい動作で
全身をほぐすストレッチです
気持ちよく1日のスタートが
切れますよ！

1 ベッドで背伸びストレッチ

のびー

使う部位 腹直筋

2 深呼吸ストレッチ

すぅー

使う部位 胸筋・僧帽筋・広背筋

3 猫背バイバイストレッチ

使う部位 僧帽筋・広背筋

7 猫背予防ストレッチ

使う部位

胸筋・広背筋・上腕二頭筋

8 むくみ解消 かかと上下運動

使う部位 下腿三頭筋

4 口角を上げるストレッチ

使う部位 咬筋

5 お尻引き締めエクササイズ

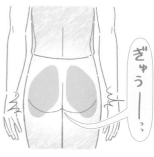

使う部位 大殿筋

6 背もたれツイストストレッチ

使う部位 腹斜筋・脊柱起立筋

ベッドで背伸び
ストレッチ

※抗重力セラピー®

目覚めてすぐにその場でできる簡単ストレッチ。体の緊張をほぐすように深く息を吸い込んで背伸びしましょう。

① 寝ている状態で背伸びして、肩から遠ざけるように手をぐ〜っと伸ばしていく

この姿勢でゆっくり左右に揺らすと脇腹にもしっかり効く！

のび〜〜〜っ

※重力を味方に付け、容姿を整え、不調のない身体へ導くためのセラピー

16

やってみた！

寝起き直後は
体がカタくなっている…

ゆっくり伸ばして
体を目覚めさせましょう！

のびーー

ふわ〜

気持ちぃ〜〜

朝日を
浴びながらやれば
最高の
目覚めに……

立ってやっても

もちろん 気持ち良い！！

のびー

**ひめのワンポイント
アドバイス**

ぺたんっ

しっかり
伸ばすと
ぽっこりお腹
解消にも
なるよ！

深呼吸
ストレッチ

「いただきます」の前に、座ったまま背中を丸めて大きく深呼吸。寝ている間にこわばった体をほぐします。

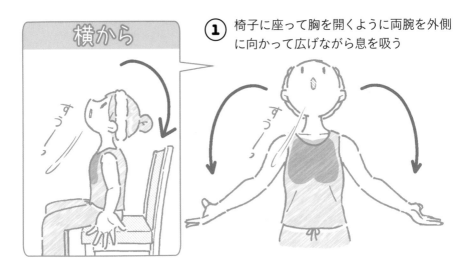

横から

① 椅子に座って胸を開くように両腕を外側に向かって広げながら息を吸う

すぅーっ

横から

② 背中を丸めつつ両腕で円を描くように内側に向かって胸を閉じながら息を吐く

18

やってみた！

猫背バイバイ
ストレッチ

肩甲骨を寄せることを意識してストレッチ。背筋をピンと
伸ばして綺麗な姿勢で1日をはじめましょう。

② 肩甲骨を寄せながらひじを
後ろに引いていく

① 両腕をバンザイする

③ ①⇔②を各3秒ずつかけて5
〜10回繰り返す

寄せーーーー

後ろから

ビー

横から

20

口角を上げる
ストレッチ

にーっと口角を上げ、顔のいろんな場所を指でぐるぐる回して筋肉をほぐして。自然と笑顔がキープできますよ。

② 両指を顔に当てぐるぐる回しながら
顔の筋肉をほぐす

ほぐしっ

ぐるぐる

① 歯をみせるように口角を
「にーっ」と上げてキープ

にーっ

顔全体に効くストレッチ！
いろんな場所を触ってほぐしていこう！

こめかみ　とか

口元　とか

お尻引き締め エクササイズ

立っている間もエクササイズ！ キュッとお尻に力を入れて
引き締めましょう。ひざの向きも意識するのがポイント。

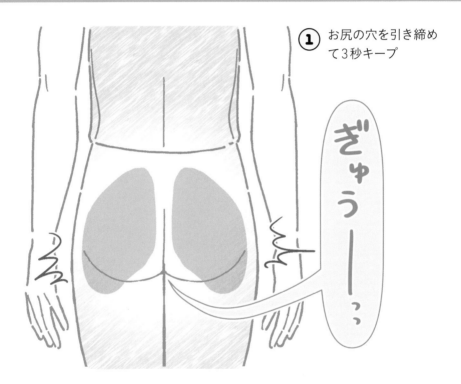

① お尻の穴を引き締め
て3秒キープ

ぎゅうーっ

② お尻をゆるめる

③ ①⇔②を5〜10回
繰り返す

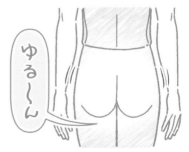

ゆる〜ん

24

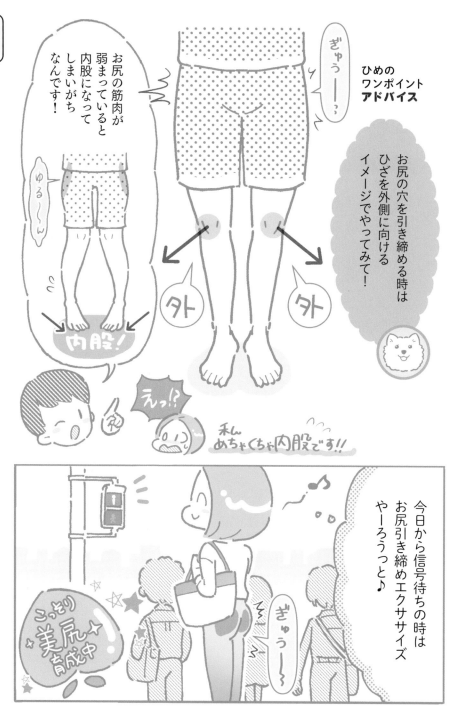

ひめの
ワンポイント
アドバイス

お尻の筋肉が弱まっていると内股になってしまいがちなんです！

ぎゅうーっ

ゆるーん

外

外

内股！

お尻の穴を引き締める時はひざを外側に向けるイメージでやってみて！

えっ!?

私めちゃくちゃ内股です!!

今日から信号待ちの時はお尻引き締めエクササイズやーろうっと♪

こっそり美尻育成中

ぎゅうー〜

背もたれツイスト ストレッチ

背もたれを活用してねじるだけで背中やせの効果があります。体をやわらかく伸ばしてから仕事をはじめましょう。

② 両手で背もたれをつかんで、両手と同じ方向へ上半身をねじっていき呼吸を止めずに10秒キープ

① 背もたれのある椅子に座る

ねじーーん

すー はー

後ろから

すー はー

ねじーん

③ 反対側も同じようにねじる

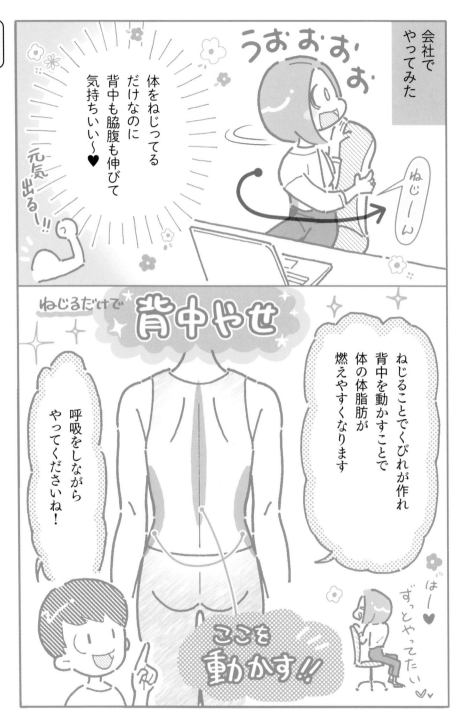

猫背予防ストレッチ

仕事中は背中が丸まってしまいがち。立ち上がる前などに肩甲骨を内側に寄せて胸を張るストレッチで猫背を解消！

② 手の平を下に向ける

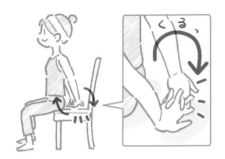

くるっ

① 椅子に浅く座り背中の後ろで手を組む

③ 胸を張りながら軽くアゴを上げ肩甲骨を内側に寄せる

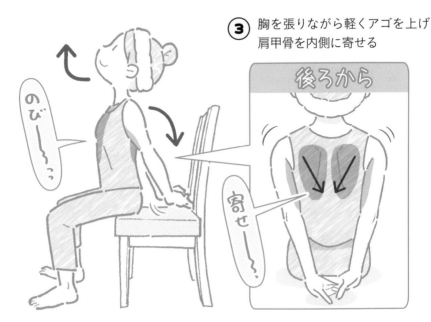

のびーっ

後ろから

寄せーっ

デスクワークで前かがみになっていた悪い姿勢を……

スッキリした姿勢と頭で大事な会議もバッチリ！

むくみ解消
かかと上下運動

むくみが気になってきたら座ったままかかとを上げてキープ。血の巡りを良くしてデスクワークでもむくみ知らずに。

① 椅子に座り両脚のかかとを
同時に上げて３秒キープ

キープッ

ひめのワンポイント
アドバイス

ふくらはぎを動かすこと
で血の巡りが良くなる
＝むくみ解消!!

眠気がやってくるお昼時には
頭がすっきりするストレッチをご紹介！
忙しすぎて体がこわばった時にできる
リラックスストレッチもありますよ！
明るい気持ちで午後を乗り切りましょう！

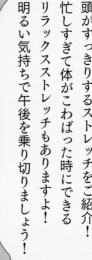

1 姿勢改善2階 ルックウォーク

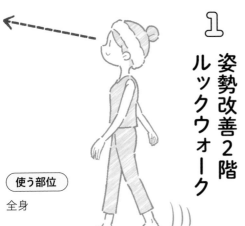

使う部位
全身

2 消化＆代謝アップ 胃腸もみほぐし

使う部位 腹筋・内臓筋

3 いただきます エクササイズ

使う部位
胸筋

4 パソコン疲れ解消 前腕ストレッチ

のびーーー

5 眠気バイバイ 頭のストレッチ

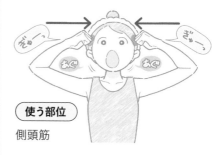

ぎゅー ぎゅー

むむ むむ

使う部位
側頭筋

6 猫背防止鎖骨下の もみほぐし

ぐりぐり

使う部位 鎖骨下筋・胸筋

7 こっそり1ミリ 足浮かせ運動

ちょこっ

使う部位

下腿三頭筋・大殿筋

8 歩きながらできる 首ストレッチ

使う部位

胸鎖乳突筋・頭板状筋

ぐり ぐり

姿勢改善
2階ルックウォーク

歩くときも姿勢には気をつけたいところ。目線を建物の2
階を見るように上げると自然と胸が開きます。

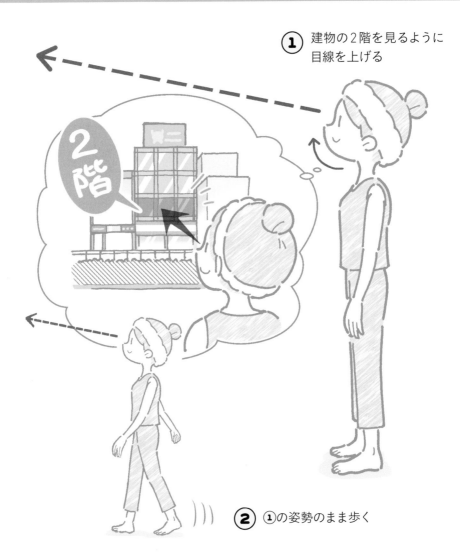

① 建物の2階を見るように
目線を上げる

2階

② ①の姿勢のまま歩く

消化＆代謝アップ 胃腸もみほぐし

食前には消化をよくするお腹のマッサージを。「の」の字を描くように、ぐっぐっと押して腸に刺激を加えます。

① 両手の人差し指と中指で「の」の字を描くようにお腹を点押ししていく

「の」の字を描く

ぐっ

ぐっ

ぐる〜り

料理を待ってる間にやっちゃおー♪

もたれかかり

ぐっ

ぐっ

ひめのワンポイント アドバイス

背もたれにもたれかかってやるとお腹に圧がかからず腸をより刺激できる姿勢になるよ！

いただきます　エクササイズ

「いただきます」のついでに、そのままのポーズでエクササイズ。肩を下げ、手首の角度、腕の曲げ方に注意して。

① いただきますのポーズで両手を合わせ、その姿勢のまま両手に力を入れて押し合う

ココを使う！

ぐぐーーっ

手首を直角に　直角！

肩を下げる　下げっ

平行

腕を机（床）と平行に

★3つのコツ★

パソコン疲れ解消
前腕ストレッチ

パソコン作業で疲れやすい腕もしっかり伸ばしましょう。
前腕をストレッチすることで脳の疲れも軽減しますよ。

① ひじを伸ばし、指先を反対側の手で
ゆっくりと下に反らせる

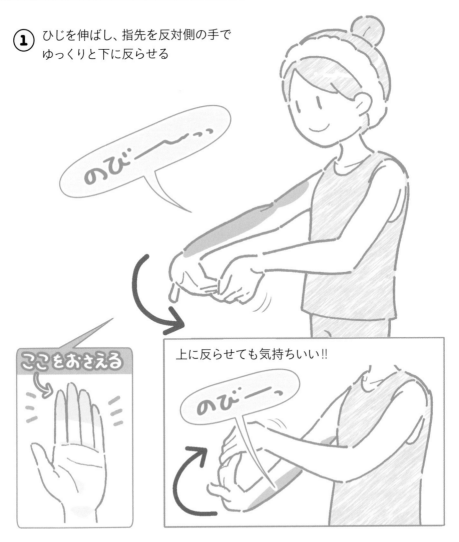

のび〜〜っ

ここをおさえる

上に反らせても気持ちいい‼

のび〜〜っ

パソコンやスマホを使っていると
ひじが曲がって前腕上部が疲弊してくる！

手の疲弊は
脳疲労につながる

自律神経が乱れ
1日の活動量も
減ってくる

代謝が
落ちて
やせにくくなる！！

なので！！

前腕ストレッチが
重要になってくるんですよ

ずっとひじを曲げて仕事してたから……

伸ばせて
気持ちい〜〜♡♡

じわ

ちぢんでた腕が長ーく
なってく感覚があるぅ♪

眠気バイバイ
頭のストレッチ

眠気に負けそうなときにおすすめのストレッチ法は頭をほぐすこと。少し痛い程度の強さで押すと目が冴えます。

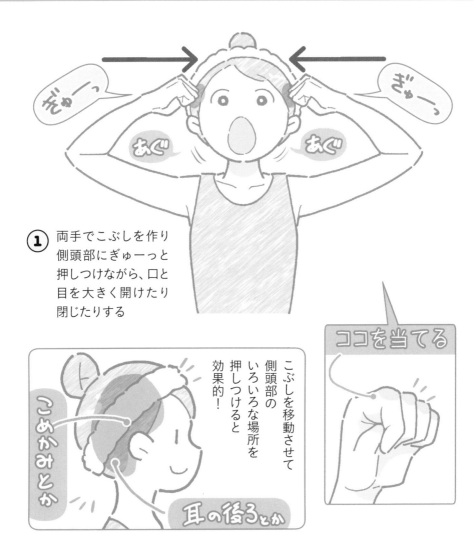

① 両手でこぶしを作り側頭部にぎゅーっと押しつけながら、口と目を大きく開けたり閉じたりする

こぶしを移動させて側頭部のいろいろな場所を押しつけると効果的！

こめかみとか

耳の後ろとか

ココを当てる

目が冴える〜♪♪

ぎゅぎゅ〜〜っっ

頭に直接刺激が届いてイタ気持ちいい〜☆

やや痛いな〜と思うくらい押してみてくださいね

側頭筋や頭蓋の周りの筋肉が固まると血流などが制限されて脳に酸素や栄養が届きにくくなりますすると脳疲労の原因にもなるのです

そんな時は頭の筋肉をほぐして脳を休めてくださいね

脳が疲れているかも分かるストレッチなんだ

今日は早めに寝て脳を休めようかな

41

猫背防止
鎖骨下のもみほぐし

鎖骨下の筋肉をほぐして仕事終わりにも姿勢チェック。痛みは胸の筋肉が硬くなり、肩が丸くなっている証拠です。

① 鎖骨の下〜肩のつけ根を
指先やこぶしでほぐす

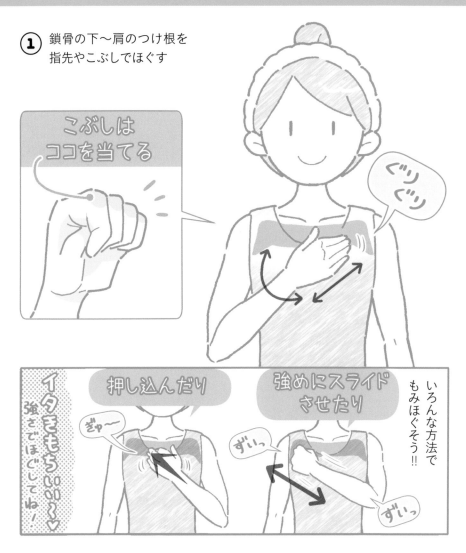

こぶしは
ココを当てる

ぐりぐり

押し込んだり

ぎゃ〜

強めにスライド
させたり

ずいっ

ずいっ

イタきもち○○〜
強さでほぐしてね！

いろんな方法で
もみほぐそう!!

43

こっそり1ミリ
足浮かせ運動

電車内も時間を有効活用して脚・お腹・お尻を引き締められます。
無理せずつり革や手すりにつかまって実践してください。

目線は
まっすぐ！

① 電車のつり革や手すりに
つかまり、まっすぐ立つ

ちょこっ

② かかとを浮かせる

ちょこっ

③ つま先を浮かせる

44

歩きながらできる首ストレッチ

帰宅途中、最後は首のストレッチ。よくほぐすと代謝や眠りの質が上がります。歩きながらでもできますよ。

① こぶしを首に押し付けながら上下に動かし、首全体をほぐしていく

ぐりぐり

後ろもほぐそう！

特にほぐしたいのがココ!!

胸鎖乳突筋

イーッとした時に張り出る筋肉だよ

イーッ

ぽこっ

こぶしを押し付けながら首を回したり倒したりするのもいいよ

ひめのワンポイントアドバイス

首をほぐすとよく眠れるようになって代謝UP！

鎖骨下のもみほぐし!!
これめちゃくちゃ胸が
ひらいてラクになる〜♪

深く呼吸できる〜〜

ぎゅむ

仕事中は
体が強張って
ついつい
前かがみに
なっていた
けれど…

これで
リセットできそう!!

仕事しながらでも
心身共にスッキリできて
おまけにダイエット
効果もあるなんて……

目をつぶって
深呼吸しながらやると
めちゃくちゃ
整う!

ふぅー

……今日は
残業せずに
終わったー!!

焦ってる時にやると
心が本当に
落ち着く!

ストレッチで仕事が
はかどっちゃうよ〜♪

ぎゅ〜〜っ

あぐ
あぐ

ちょこっ

早めに帰って家で
ゆったりしよう〜っと♪

平日

夜〜就寝

1日お疲れ様でした！
頑張った体を労わって明日に備えましょう
疲労をストンと取ってくれる
ご褒美ストレッチのご紹介です

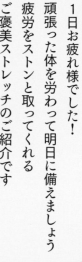

1 全身リフレッシュ足踏みストレッチ

のびーーー…

使う部位　全身

2 疲労回復股関節ストレッチ

使う部位　腸腰筋

のびーーー…

③ 1日使った お尻のストレッチ

使う部位 大殿筋・ハムストリング

④ シャンプーしながら 頭のストレッチ

使う部位 頭全体

⑤ バスタオルで お腹ストレッチ

使う部位 腹横筋・腹直筋

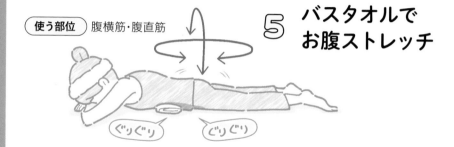

⑥ 安眠！ 三日月ストレッチ

使う部位 体側面

⑦ 安眠！ ヨガのワニポーズ

使う部位
腹斜筋・大殿筋・ハムストリング

全身リフレッシュ足踏みストレッチ

帰宅してすぐに行うストレッチで全身の疲労をストンと落とします。足踏みをしながら腕をグーッと伸ばして。

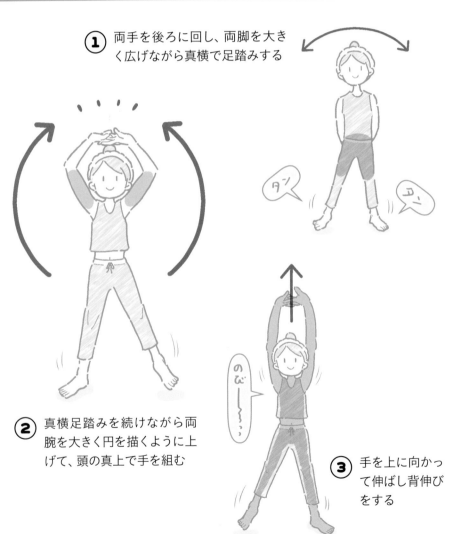

① 両手を後ろに回し、両脚を大きく広げながら真横で足踏みする

② 真横足踏みを続けながら両腕を大きく円を描くように上げて、頭の真上で手を組む

③ 手を上に向かって伸ばし背伸びをする

やってみた!

両腕を思いっきり外に伸ばしながら
円を描くと……

背中が動いて
ゴリゴリほぐれていく〜♪

きもちいい〜♥

準備いらずなので
玄関でもできちゃう!!

そして!!

なんと言っても
両脚の真横運動!

脚の重さを
感じない
くらい
下半身が
軽くなって
いく〜♥

ターン

ターン

フワァ〜

まるで無重力☆★

1日頑張った
体の疲労が
ストン!と
取れる〜♪

のびー

これは
ご褒美ストレッチ
だ〜♥

疲労
ストン

疲労回復
股関節ストレッチ

食事の前にひとまず休憩。股関節をぐ〜っと伸ばしましょう。特にヒール靴を履く人は入念に伸ばしてみてください。

② 前に向かって重心を移動していく

① 片方のひざを直角に曲げ反対のひざを地面につける

のび〜〜っ

股間節をゆーっくりと伸ばしていく♪

52

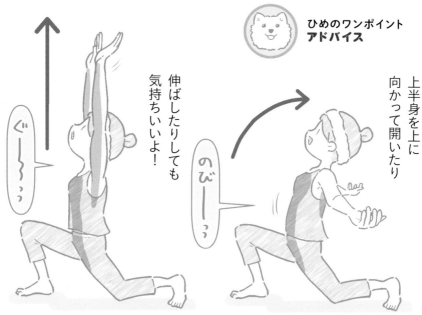

ひめのワンポイント
アドバイス

上半身を上に
向かって開いたり

伸ばしたりしても
気持ちいいよ！

ぐーっっ

のびーっっ

実はヒールのある靴って
履くだけで足全体に
負担がかかりやすく
股関節も不自然な
動きになりがち

これは
そんな疲れた脚や股関節を
癒してくれるストレッチ
なんです！

癒し！？
目わかる〜〜

1日使った
お尻のストレッチ

上半身の体重を支えているお尻にも疲労が溜まっています。足を組んで前屈をするだけでもラクになるのを実感。

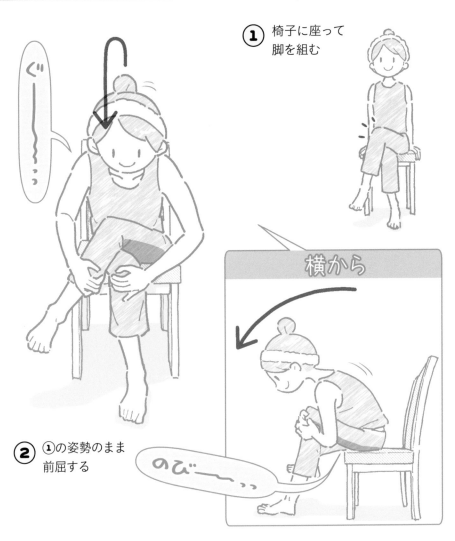

① 椅子に座って
脚を組む

ぐ——っ

横から

② ①の姿勢のまま
前屈する

のび——っ

54

ひめの
ワンポイント
アドバイス

もっと効かせたい！
という人は
①の時に
太ももの上に足を
置いてやってみよう

疲れを取って
あげると——

代謝・ダイエット効果UP！

睡眠の質も向上!!

ぎゅむーっ

お尻は上半身の
体重を
ずーっと
受けています

1日の終わりに
疲れを取って
あげましょう!!

シャンプーしながら頭のストレッチ

実は頭皮も重力の影響を受けています。シャンプーをするときは頭のいろんな角度からマッサージしてみましょう。

② 頭のてっぺんに向かって指をスライドさせていく

ずいっ

① 両手の指先を頭に当てる

③ 細かく「の」の字を描きながら頭のてっぺんに向かってスライドしていく

ぐるぐるっ

ひめのワンポイント
アドバイス

頭皮は重力に引っ張られて
どんどん下に下がっていく

頭皮

重力

前後左右
いろんな角度からやって
効果UP!!

血液や栄養が上がっていかない

てっぺんハゲ!!
になっちゃう!!

シャンプーしながら
できるのがいいなぁ♥

頭のマッサージで
脳もスッキリ・リラックスできて
一石二鳥♪

ぐるぐる♪

バスタオルで
お腹ストレッチ

くつろぐ時は、うつ伏せ状態でお腹の下にタオルを置いて
ぽっこりお腹を解消！ ごろごろしながらでOKです。

① 丸めたバスタオルをお腹の下に
入れてうつ伏せになる

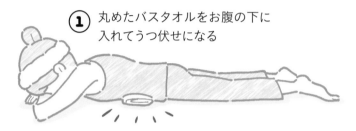

② ①の状態で、バスタオルでぐり
ぐりとお腹に刺激を与えていく

お尻を動かす
イメージ

ぐりぐり　　ぐりぐり

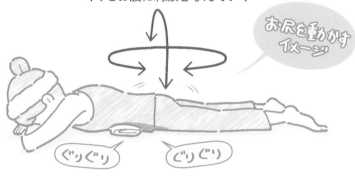

上側
とか

下側
とか

お腹のいろんな位置に
タオルを置いてお腹を
刺激していこう！

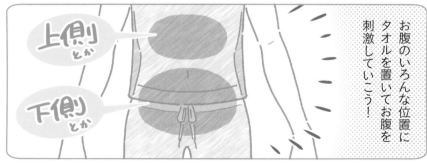

58

バスタオルの丸め方

❶ 縦半分に折りたたむ

❷ 横半分に折りたたむ

❹ 完成！

❸ くるくる丸める

ぽっこりお腹解消への道

お腹を圧迫した状態を作る

内臓へ刺激!!

消化吸収・排せつ効果UP で健康になる♡

寝ながらぐりぐりしてるだけでどんどん健康になる〜♪

ラクチン！

安眠！三日月ストレッチ

両手両脚をゆっくりと同じ方向に曲げて三日月の形に。腕から太ももにかけて気持ちよく伸ばしていきましょう。

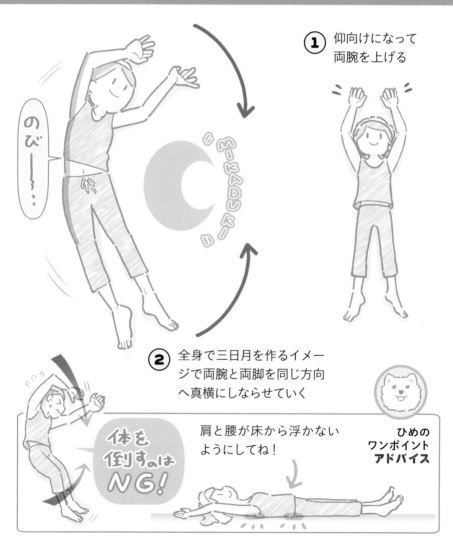

のびーー！

MIKADUKI

① 仰向けになって両腕を上げる

② 全身で三日月を作るイメージで両腕と両脚を同じ方向へ真横にしならせていく

体を倒すのはNG！

肩と腰が床から浮かないようにしてね！

ひめのワンポイントアドバイス

60

安眠！ ヨガの ワニポーズ

首と脚を逆方向に倒して、ヨガでいうワニのポーズを。背骨がしっかり動くので力が抜けてぐっすり眠れますよ。

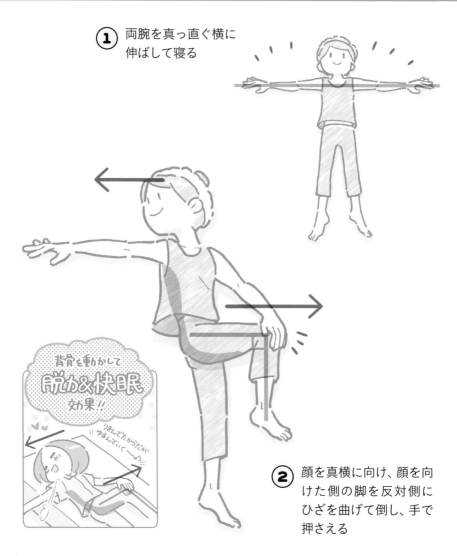

① 両腕を真っ直ぐ横に 伸ばして寝る

背骨を動かして
脱力&快眠
効果!!

りきんでたからだが
ゆるんでいくー♪

② 顔を真横に向け、顔を向 けた側の脚を反対側に ひざを曲げて倒し、手で 押さえる

あ〜♥
ずっとココが
伸ばしたかった
〜♥

自重で
伸ばせる
のもラク♪

股関節ストレッチ

日中
座りっぱなしだから
下半身ストレッチが
体に効く〜♥

頭の
もみほぐし!!

私はうなじ辺りを
ほぐすと肩の力みまで
取れていく〜♥

スッキリした気持ちで♪
おやすみなさーい♥

ぽっこりお腹解消も

やさしい刺激が
お腹にとどく〜

安眠ストレッチも

脇腹伸ばすの
たまんない♪

寝ながらできちゃった☆

バスタオル腹巻で日常の家事を運動に！

バスタオル腹巻を巻くだけで体幹が安定するので、少しの動作でもお腹を中心に筋肉への刺激が入ります。そのため家事のような日常動作でも運動になるのです！

◎バスタオルの折り方

4等分に折る。

◎バスタオル腹巻の巻き方

できあがり！

❷バスタオルの端を中に折りこむ。

❶おへその高さでお腹を凹ませながらきつめに巻く。

料理中

洗濯物干し中

掃除中

ただ生活しているだけでも運動になっちゃう！

2章

ゆっくりリラックス
くつろぎ "ながら" やせる！

休日のながら
やせストレッチ

生活し"ながら"やせてみよう！
〈 休日編 〉

早朝散歩って気持ちいい〜♪

朝日がきもちいい〜❤

小山先生！

たかツキさん！！

ずいぶん早起きですね！！

・・・生活しながらストレッチを続けていたら体が軽くなって目覚めもスッキリするようになったんです！

素晴らしい！！

体も心もスッキリしましたね！！

実は休日オススメの・・・ながらストレッチもあるんですよ！

休日おすすめ！？

ぜひ教えてください！！

スラマ

シャキッ

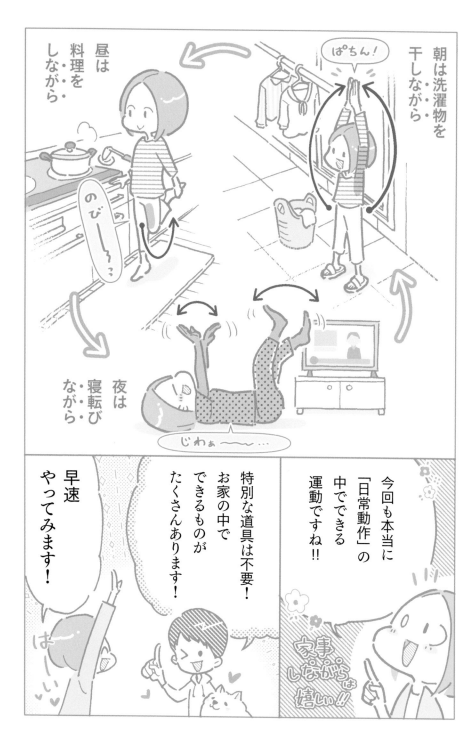

休日の朝はゆったり大きく動く
ストレッチが気持ちいいですね！
余裕がある時には少しレベルアップした
動作にもチャレンジしてみましょう
もちろん寝ながらできる
ゆる〜いストレッチもあるのでご安心を

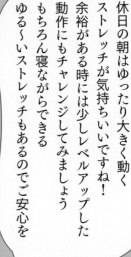

1 呼吸を深める 肋骨ほぐし

ぐり

ぐり

(使う部位) 肋間筋

2 代謝促進グーパー ストレッチ

ぴょん、

(使う部位) 全身

3 背中すっきり！ハンドサークル

使う部位
広背筋・僧帽筋・上腕三頭筋

ぱちん！

ぱちん！

4 ぼっこりお腹解消！コブラのポーズ

使う部位
腹筋

のびー！

5 疲労回復ゆりかごストレッチ

ゆら

ゆら

使う部位
腹横筋・腹直筋

呼吸を深める
肋骨ほぐし

休みの日も、まずは体も起こしてから1日をスタートさせましょう。肋骨の向きに合わせてぐりぐりとマッサージ。

① 手でこぶしを作り左右に動かして
肋骨をマッサージする

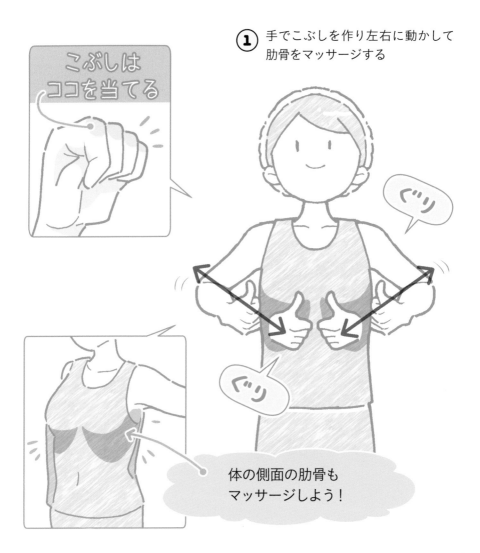

こぶしは
ココを当てる

ぐり

ぐり

体の側面の肋骨も
マッサージしよう！

70

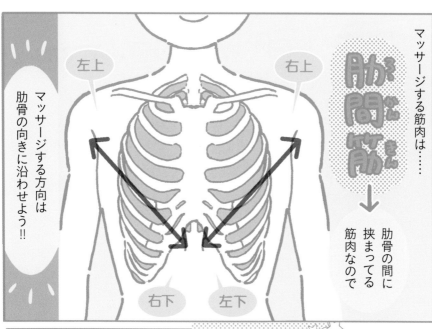

マッサージする筋肉は……

肋間筋 → 肋骨の間に挟まってる筋肉なので

左上

右上

マッサージする方向は肋骨の向きに沿わせよう!!

右下　左下

肋間筋をほぐすと呼吸のしやすい姿勢になって代謝もUP!!

イタきもちよさで目が覚める〜

上向き

ひめのワンポイント
アドバイス

上半身を上向きに傾けると肋骨が体の表面に出てマッサージしやすくなるよ!

代謝促進グーパーストレッチ

体を大きく動かしてリフレッシュ。かがんで体を縮めたり
ジャンプして伸ばしたりして代謝をアップさせます。

横から

顔は正面 ←

① 少しかがんでひざを
抱える

② 跳び上がりながら両腕
両脚を伸ばし体を大き
く広げる

③ ①⇔②を繰り返す

騒音が気になって跳び上がれないよ〜

——という人は

・・・・片足をつけたまま伸び上がってみてね!

体は真横に広げる

つけたまま!

これなら音をおさえられる!!

左右交互にやろう!

つけたまま!

体を縮める⇕伸ばすことで朝から代謝UP!

せっかくの休日だからこそ大きく動いて全身をリフレッシュさせましょう!

ちょっとやっただけでも体がポカポカする〜♪

ポカ

ポカ

ポカ

その場ジャンプだからスペースもとらない!!

ぴょんっ

背中すっきり！
ハンドサークル

円を描くように腕を大きく動かして背中をほぐします。家事を始める前にやっておくのがおすすめですよ。

② 腕を真っ直ぐ伸ばしたまま大きな円を描くようにして頭の上で手を鳴らす

ぱちん！

① 足を肩幅くらいに開き真っ直ぐ立つ

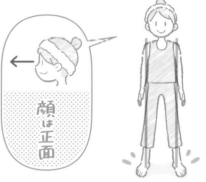

顔は正面

③ 大きな円を描くようにして体の後ろで手を鳴らす

後ろから

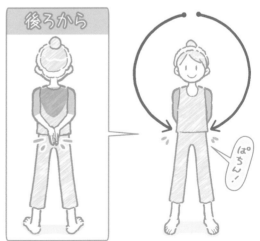

ぱちん！

④ ②⇔③を繰り返す

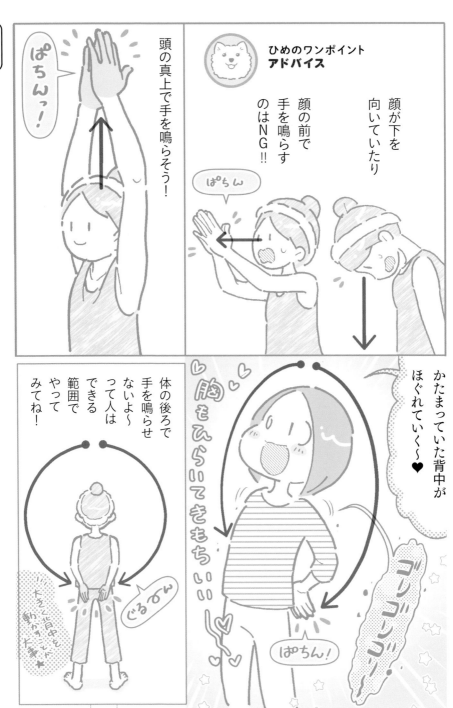

頭の真上で手を鳴らそう！

ぱちんっ！

ひめのワンポイント
アドバイス

顔が下を
向いていたり

顔の前で
手を鳴らす
のはNG!!

ぱちん

かたまっていた背中が
ほぐれていく〜♥

胸をひらいてきもちぃぃ

ぱちん！

ゴリゴリゴリ

体の後ろで
手を鳴らせ
ないよ〜
って人は
できる
範囲で
やって
みてね！

ぐるん

大きく背中を動かすことが大事★

ぽっこりお腹解消！コブラのポーズ

ゴロゴロついでにぽっこりお腹を解消！ヨガでいうコブラのポーズでお腹を伸ばして腸を刺激しましょう。

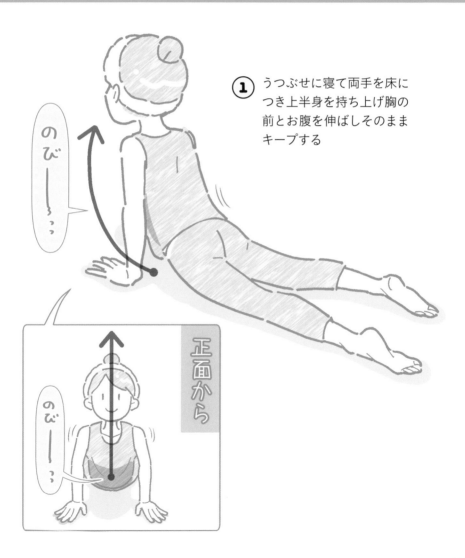

① うつぶせに寝て両手を床につき上半身を持ち上げ胸の前とお腹を伸ばしそのままキープする

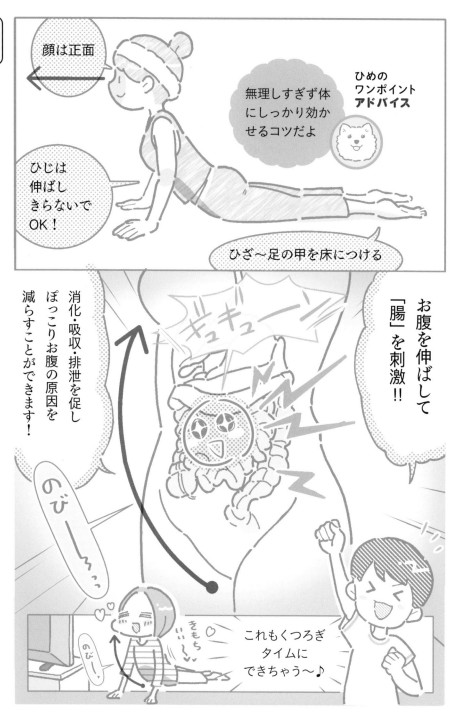

顔は正面

ひめの
ワンポイント
アドバイス

無理しすぎず体にしっかり効かせるコツだよ

ひじは伸ばしきらないでOK！

ひざ〜足の甲を床につける

お腹を伸ばして「腸」を刺激!!

消化・吸収・排泄を促しぽっこりお腹の原因を減らすことができます！

ギュギュー

のびーーーー

これもくつろぎタイムにできちゃう〜♪

きもちいい〜

のびー

ぺたーーん

疲労回復ゆりかご ストレッチ

疲労を取るゆりかごストレッチは、全身が伸び、背中に心地よい刺激がくるのでおすすめ。手の補助をつけても OK。

② 重心を前後に倒してゆっくりと揺れ動く

① 床に座ってひざを抱えて重心を後ろに倒し背中を床につける

ゆら　ゆら

ぺたっ

両手を床についてやっても OK!!

ひめのワンポイント
アドバイス

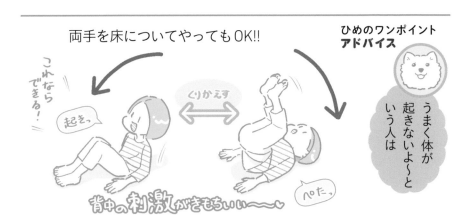

これなら
できる！

起きっ

くりかえす

ぺたっ

背中の刺激がきもちいい〜〜

うまく体が
起きないよ〜と
いう人は

意外と簡単で楽しい！！

寝起きに
ゆーっくりと
肋骨ストレッチ

……お〜？

ぐり

ぐり

動作が大きくて大変そうに見える
グーパーストレッチをやってみると……

息がしやすい！！

ぐい

だんだん上半身が
上向きになってくー！！

ぴょんっ

むしろやったほうが
体が動いてラクになる♪

魔法みたーい♡

体を動かすの
おっくう〜

ゴロゴロ

——って今までは
ストレッチするのにも
気合が必要だったけど

寝スマホ

TVを見ながら
ポーズを取っただけで
お通じが！！

・・・
ながらだと
ずぼらな私でも
できちゃった！！

のびーっ！

休日

昼〜夕方

おうちでゆっくり過ごしたい！
という休日は最低限の動きで
リラックス効果の高いストレッチを！
お出かけ前には
美脚効果のあるストレッチを
取り入れてみてください

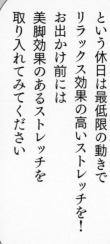

1

よく噛むための
顔コリほぐし

使う部位 側頭筋・咬筋

② バスタオルで背中ほぐし

(**使う部位**) 背中全体

ぐりぐり

③ お出かけ前に美脚ストレッチ

のびーーー♪♪

のびーーー♪♪

(**使う部位**) 大腿四頭筋

よく噛むための顔コリほぐし

顔や頭の咀嚼筋を鍛えて食べ過ぎ防止！こぶしの第二関節を使い、いろんな動きでマッサージしてみましょう。

特にほぐすのはココ！

SO SYAKU KIN
咀嚼筋

① 両手のこぶしの第二関節で頭や顔をいろんな表情でマッサージする

ぐり　ぐり

押したり　ぐっ

回したり　ぐるぐる

流したり　ずっ

いろんな動きでマッサージしてね！

82

顔のマッサージは
前にも2つ
紹介しましたが……

今回は"咀嚼"に
アプローチする
マッサージになります！

咀嚼も
ダイエットに
つながる
んですか？

口角
ストレッチ
＆
眠気
バイバイ

ぎゅーっ
ぎゅーっ
ぐり
ぐり
もぐ
もぐ
にこ
にこ
おーっ

もちろん！
よく噛むことで満腹中枢が刺激され
食べ過ぎをふせぐことができます！

ゆ〜〜っくりモグモグ

ポカ
ポカ
ポカ

いつもより
少食でも
満足!!

他にも
◎ゆっくり食べる→血糖値の急激な上昇を抑えられる
◎よく噛む→「食事誘発性熱産生」※がUP
など、体に良いことずくめなんですよ！

すご〜い

よく噛んで
ゆっくり食べるだけで
ダイエットになる!!

※食事をした後、安静にしていても代謝量が増大すること。全代謝の1割を担っている。

バスタオルで背中ほぐし

日々酷使している背中は硬くなりがちなのでしっかりほぐしておきたいところ。安眠効果も期待できて一石二鳥！

① 仰向けになり丸めたバスタオルが背骨に沿わせるよう体を揺らして背中をぐりぐりとほぐす

バスタオルの丸め方はP59

クッションを折りたたんでもOK！

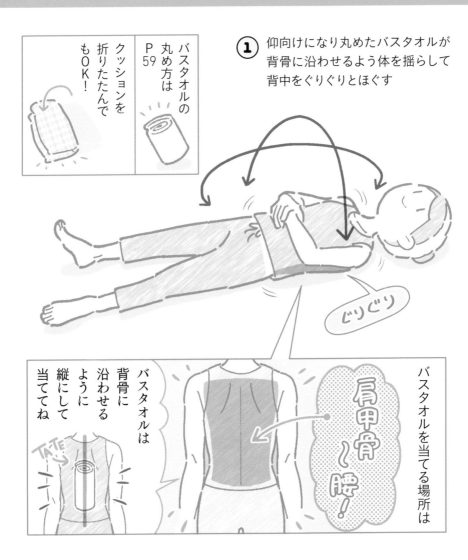

ぐりぐり

バスタオルは背骨に沿わせるように縦にして当ててね

TATE

バスタオルを当てる場所は 肩甲骨〜腰！

お出かけ前に美脚ストレッチ

太ももの前側をゆるめると脚が細くなるだけでなく身軽に感じることも。しっかり伸ばすだけですぐ実感できます。

①
壁や椅子などに手を当てて体を安定させる

のびーっ？

②
片方の足先をお尻に近づけるようにして曲げ同じ方向の手で足先をつかみ太ももの前側をのばしていく

OK
ひざの位置を揃えよう！

のびーっ

うまくのびてないよ

NG
曲げた脚のひざが体の前に出ないように！

バスタオルで
背中もみ
ほぐしが
超いいの〜♥

聞いて〜〜♥

肩甲骨に当てると
胸が上がって
肩が落ちるから

上がる
下がる

はわ〜〜♥

シャキッ

日中前傾になっている
姿勢がほぐされていって
体がラクになるの〜♥

昼寝しながら
できるのも
イイネ！

罪悪感なく
ゴロゴロ
できちゃった

ゴロ
ゴロ

美脚ストレッチを
やってから
出かけると――

現代人は前ももが
張りがちで
そのせいで脚が太く
なっている方が多いんです

なのでストレッチで
前ももをゆるめて
やると脚が細くなったり
機能が上がりやすく
なるんですよ

へ〜

のび〜〜〜

ホントだ！
脚が軽く
なってる♪

思わず
スキップ♪

リラックスモードになるストレッチをご紹介。1週間の疲れをみーんな取っちゃいましょう疲れ解消はむくみ改善などにもつながり、やせ効果大！

（使う部位）足の裏全体

1 バスタオルで青竹踏み運動

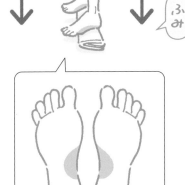

ふみ

ふみ

② 疲れ解消合せきストレッチ

使う部位 内転筋

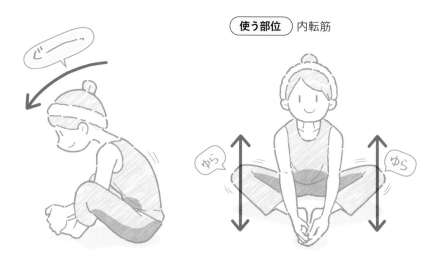

③ 疲れ解消むくみバイバイ運動

使う部位

全身

バスタオルで青竹踏み運動

バスタオルの上に乗って足踏みするだけ。ピンと真っ直ぐ立てるように、意外と凝りやすい足裏もほぐしましょう。

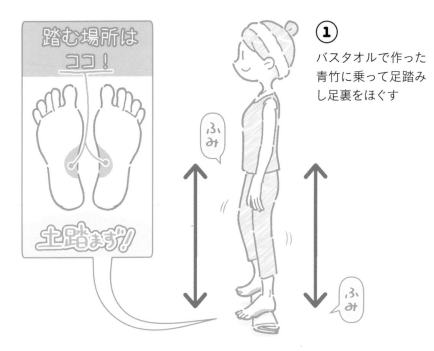

踏む場所はココ！

土踏まず！

①

バスタオルで作った青竹に乗って足踏みし足裏をほぐす

ふみ

ふみ

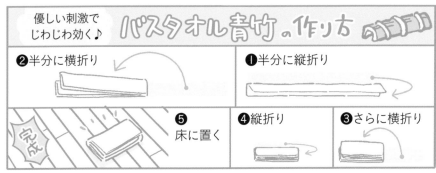

優しい刺激でじわじわ効く♪ **バスタオル青竹 の 作り方**

❷半分に横折り

❶半分に縦折り

完成

❺床に置く

❹縦折り

❸さらに横折り

足裏をほぐすっ…

足裏って
凝るんですか!?

ガチ
ガチ

実は！

靴を履いて生活している
こともあって現代人の多くは
足裏がめちゃくちゃ
凝ってるんです!!

すごい!!

この青竹踏み運動で
足裏がほぐされると
真っ直ぐ立てる
ようになりますよ！

ヒール

革靴

シャキッ

地面に吸着してる
みたいに立てるよ!!

足踏みしてるだけで
気持ちいい〜♪

ふみ

ふみ

わざわざ青竹を
買わなくても
バスタオルで作れる
のがＩＩね！

疲れ解消合せきストレッチ

骨盤のゆがみを矯正して下半身にもアプローチしていきます。無理をせずにじっくり伸ばして行いしましょう。

難しい人は
かかとが離れて
いてもOK！

① 床に座り足裏を合わせて両手でつかむ

③ 上半身を前に倒していく

ぐ〜

② ひざを上下にゆらゆらとゆらす

ゆら ゆら

92

足を両手でつかめないよ〜という人は手を後ろについてやってみてね！

これならできるー♪

体がカタイ〜

ガチ

ギチ

②でゆらゆら〜っと下半身をリラックスさせてから③でじーっくりと刺激を加えていく！

日常生活で凝り固まった下半身にアプローチ！

骨盤調整と内もものストレッチで疲れ解消＆代謝UP！

ゆるゆる〜っとダイエットができちゃう！

リラ〜ックス♪

じゅわ〜〜♡

疲れ解消むくみ バイバイ運動

寝る前におすすめなのが手足をブラブラさせて、疲れとむくみを解消させる運動。血流がよくなり体もポカポカに。

① 床に寝て両手両脚を上げる

② 両手首と両足首を動かして両手両足を揺らす

ふり

ふり

じわぁ〜〜…

94

体の力みが
抜けていく〜♪

余分な力が
床に抜けていく
イメージ

脱力〜〜

やった後──

ガチガチ
だった
ふくら
はぎが
やわらかく
なってる!!

むに
むに

血流を良くして
体ポカポカ＆
むくみ解消に
効果てきめん!

ベッドで
できるから
おやすみ前
にやって
みてね!

快眠効果も
あるよ!!

3章

ちょっと頑張れる日に取り入れたい

簡単
エクササイズ

エクササイズを取り入れてみよう!

日々の体調も整ってきたので今こそ体を鍛えるような運動も教えていただきたいのですが

いいですね!!

では「ちょっと頑張りたい時」のエクササイズを教えます!

ダイエットはもちろん美容効果や体力づくりにも最適な運動です!

各動作はゆっくりやっても素早くやってもOK!自分の体や体調に合わせて楽しくやりましょう♪

お腹にバスタオルを巻いてやると体幹が安定して運動しやすくなるよ!ダイエット効果もさらにUP!

巻き方はP64

NG

上半身全体を
真横に倒そう！
腕だけを動かさ
ないように！

CCエクササイズ

① 足を腰幅に開き両手を真っ直ぐ
真上に上げる

② 左右交互に全身で「C」
を作るイメージで勢いよ
く上半身と片足を同じ方
向の真横へ寄せる
①〜②を交互に繰り返す

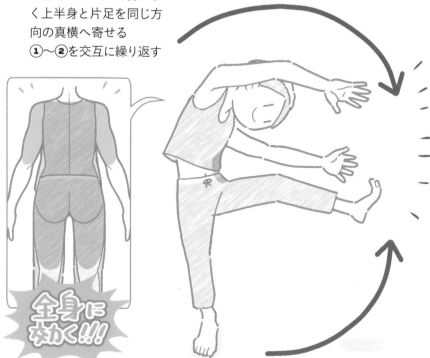

全身に効く!!!

代謝アップコア水泳 4 種

首を長く保つ

【基本の姿勢】
足を肩幅に開いて両腕を真っ直ぐ前に突き出す

背中と二の腕に効くエクササイズだよ！

どの種目も腕を大きく動かしてね！
それぞれ10回ずつやってみよう！

腕を交互に動かし、片方の腕を下から上に（上から下に）大きく回す

クロール / 背泳ぎ

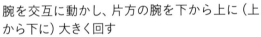

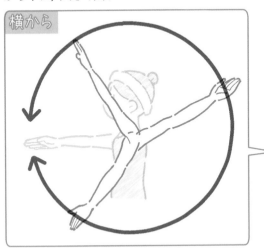

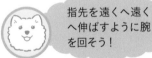

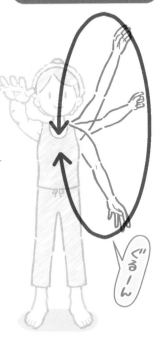

指先を遠くへ遠くへ伸ばすように腕を回そう！

ぐるーん

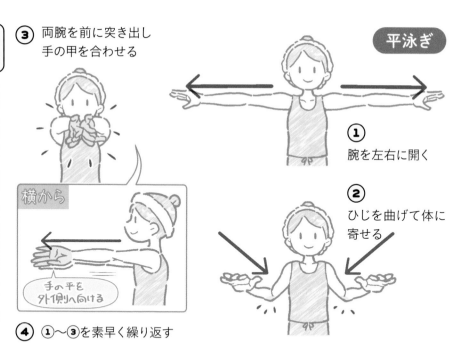

③ 両腕を前に突き出し手の甲を合わせる

平泳ぎ

① 腕を左右に開く

② ひじを曲げて体に寄せる

横から

手の平を外側へ向ける

④ ①〜③を素早く繰り返す

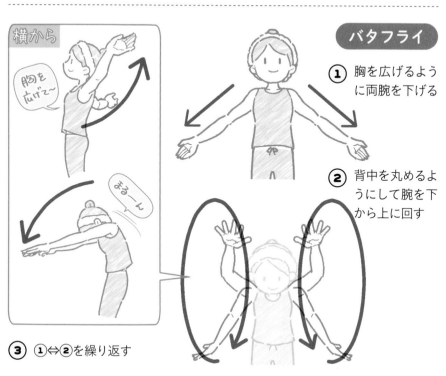

横から

バタフライ

胸をひろげて〜

① 胸を広げるように両腕を下げる

まるーん

② 背中を丸めるようにして腕を下から上に回す

③ ①⇔②を繰り返す

真上

左右交互に片方のひざを真
上に上げる

美脚もも上げ3種

両脚を閉じて姿勢を真っ
直ぐにする

【基本の姿勢】

上半身が前に倒れ
ないようにお腹に力
を入れてやろう！

ぐっ!!

閉じっ

外→内　内→外

左右交互に片方のひざを
大きく外から内へ回す／
内から外へ回す

ぐるーん

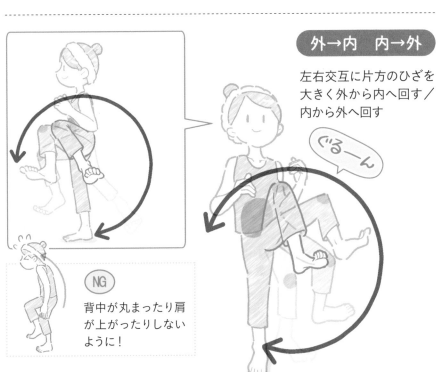

NG
背中が丸まったり肩
が上がったりしない
ように！

バンザイツイスト

NG

背筋は真っ直ぐ！
背中が丸まらないように
しよう！

①

足を肩幅より少し大
きく開き両手を斜め
上へバンザイする

横から

近付けっ

②

体をねじって肘と
反対側のひざを
近づける

③ **①**に戻る

④ **①**〜**③**を左右交互に続ける

③ 伸び上がりながら体をねじり
   ねじった方へこぶしを突き出す

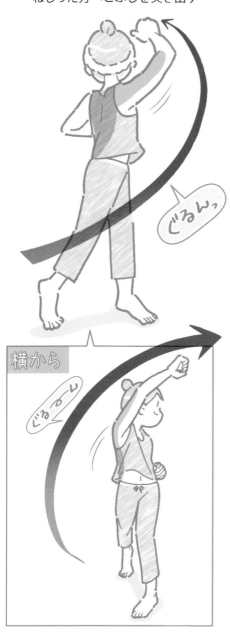

ぐるんっ

横から

ぐるーん

④ ①〜③を左右交互にやる

① 足を肩幅に開き体の前で
   こぶしを作る

② お尻の穴を後ろ
   に向けるイメー
   ジでしゃがむ

106

スペシャルサーキットプログラム
― ダイエット＆むくみ解消に ―

2章 →P94

むくみバイバイ運動

1章 →P30

かかと上下運動

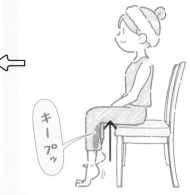

3章 →P106

ツイストガッツ

これらを５セットくらいやるといっぺんにむくみが取れます！

血流が良くなり代謝が上がってやせやすい体になるよ

アラフォーOL
たかツキなほり
生活しながら
ダイエットしてます☆

寝ながら体をしならせるだけ

まずは
たかツキが感じた
Q&A!

どういう時に
やってるの?

生活しながらは
もちろんなのですが

平日は

集中力が
切れた時

気分も
姿勢も
リセット～

休日は

電子レンジの
温め待ち

まだかなー

など手持ちぶさたな時に
多くやっている印象です

種目たくさんで迷っちゃう…
どれをやればいいの!?

気持ちいいな～♥と思ったものや
不調箇所があればそれを解消
するものをよくやってます

座っててもやっちゃう

たくさん歩いて足が疲れた
時は青竹踏み!
背伸びはお腹も背中も伸びて
気持ちいいのでいつでも
やっちゃいます♥

ふみ ふみ

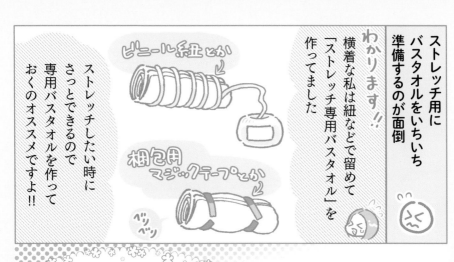

ストレッチ用に
バスタオルをいちいち
準備するのが面倒

わかります!!

横着な私は紐などで留めて
[ストレッチ専用バスタオル]を
作ってました

ビニール紐とか

梱包用
マジックテープとか

ベリベリ

ストレッチしたい時に
さっとできるので
専用バスタオルを作って
おくのオススメですよ!!

そうして続けていたら自然と
ストレッチが生活に
習慣づいてきました!!

寝癖を直すときに指で
頭をマッサージしている

わしゃ

わしゃ

ひざを
外に向けて
立っている

寝転んだ時に
自然と両手両脚を
天井に向かって
上げている

きゅっ

◎顔のたるみが減った！
（リフトアップ）
◎笑顔でいることが
多くなった！

◎エクササイズできる
体力がついた！

体にも変化が！

よいしょー♪

若く見える！！

◎体重が３キロ落ちた！
◎体脂肪率が３％減った！

◎姿勢が改善して体に
メリハリがついた！

首が
長く見える！！

真っ直ぐ
立てる！

体重
－3kg
体脂肪率
－3％

激しい運動や食事制限なしで
◎健康的に体重が落ちた！
◎やせ見えボディになった！
ことが嬉しい〜♥

背中をほぐすと快眠＆
ダイエット効果UPですよ

今まではスマホ
見ながら横向きで
寝落ちしてたけど

背中を
ぺったり
つけて寝るのが
こんなに
気持ちいい
なんて

これなら
おばあちゃんに
なっても
続けられるぞ

ふふふ♪

リバウンド
しない楽しい
ダイエット……

ダイエットとは
「健康生活の
習慣化」‼

この本が
みなさんの
「自分らしい
ダイエット」を
見つける1冊に
なれたら
嬉しいです

ダイエットの成功と
健康的で楽しい毎日を
心から応援しています！

著　たかツキなほり

漫画家、イラストレーター。
第9回新コミックエッセイプチ大賞受賞。自身の
姿勢の悪さや体重の増加に悩んでいたことから体
調改善テクニックを実践し、健康になるコミック
エッセイを発表している。著書に『筋トレざせつ
女子が行き着いた1分やせストレッチ』『運動ざせ
つ女子が行き着いた1分スロージョギング』(とも
にKADOKAWA) 等がある。
Instagram @tktknhl
X (旧Twitter) @tktknhl

監修　小山圭介

ダイエットトレーナー&メンタルコーチ。こ
れまで2万人以上にダイエット指導を行う。
メンタル・食事・運動など、さまざまなアプ
ローチで健康な体をつくるダイエット法を提
案している。TBS「レッツ！ 美バディ」出演
&エクササイズ監修。ほかにも雑誌、WEB
などさまざまなメディアで活躍中。
Instagram: @keisuke.koyama.5

STAFF

デザイン
菅谷真理子 (マルサンカク)
校正
麦秋アートセンター

30秒"ながら"やせストレッチ

2024年1月2日　第1刷発行

発行人　　松井謙介
編集人　　長崎　有
発行所　　株式会社　ワン・パブリッシング
　　　　　〒110-0005　東京都台東区上野3-24-6
印刷所　　大日本印刷株式会社
DTP　　　株式会社グレン
企画編集　柏倉友弥

●この本に関する各種お問い合わせ先
本の内容については、下記サイトのお問い合わせフォームよりお願いします。
https://one-publishing.co.jp/contact/
不良品 (落丁、乱丁) については業務センター　Tel 0570-092555
〒354-0045 埼玉県入間郡三芳町上富279-1
在庫・注文については書店専用受注センター　Tel 0570-000346

ワン・パブリッシングの書籍・雑誌についての新刊情報・詳細情報は、下記を
ご覧ください。
https://one-publishing.co.jp/